AF467928

(Par l'abbé Tranquille Jacy d'après de Manne)

LETTRE

A Mgr. L'ÉVÊQUE DE TROYES,

AU SUJET

DE L'ORAISON FUNÈBRE DE LOUIS XVI.

MONSEIGNEUR,

JE lisais l'Oraison funèbre du Roi, que nous attendions depuis deux ans, avec l'intention d'y tout admirer, quand je suis tombé sur quelques endroits qui me font craindre, Mgr., que votre zèle pour la mémoire de Louis XVI ne vous ait entraîné un peu trop loin, et que votre enthousiasme oratoire n'ait pas toujours assez scrupuleusement observé l'exactitude théologique.

Je vais avoir l'honneur de vous exposer avec autant de franchise que de respect mes scrupules à cet égard. Si vous daignez me montrer qu'ils sont dénués de fondement, j'en serai doublement charmé, et pour l'honneur du clergé et pour le vôtre. Si, par hasard, vous reconnoissiez que dans le feu de la composition il est échappé quelque incorrection à votre plume, je suis convaincu que vous ne me saurez pas mauvais gré de vous en avoir averti, et de vous avoir fourni l'occasion de vous expliquer.

Avant d'en venir aux passages que j'ai en vue, oserois-je, Mgr., appeler votre attention sur celui-ci : « En parcourant les pages de l'histoire on a » peine à comprendre comment on y voit si sou- » vent les plus vicieux des princes jouir tranquil- » lement des succès de leur ambition et de leur » tyrannie ; *tandis que tant de rois*, doués des » plus heureuses qualités, ont été les victimes des » plus noirs attentats ; *et puisqu'il faut le dire*, » *au risque de rappeler notre humiliation*, nos » annales domestiques ne nous offrent *que trop* » *de preuves* de cette vérité (1). »

Je vous en demande pardon, Mgr., tout le monde ne conviendra point qu'il *fallût* puiser vos preuves dans nos annales et rappeler notre humiliation. Sur nos soixante-dix rois, deux seulement, si je ne me trompe, avoient péri de mort violente

(1) Pag. 11 et 12.

avant l'époque actuelle. L'un d'eux n'étoit certainement point doué des plus heureuses qualités. Mais le nombre en fût-il plus grand, on vous contestera toujours qu'il y eût, je ne dis pas de la nécessité, mais de la convenance, à réveiller ces affreux souvenirs.

Après avoir présenté cet affligeant tableau vous continuez ainsi : « Entreroit-il dans les desseins » de la Providence de punir quelquefois les crimes » des peuples par la vertu des rois ? Ou voudroit-» elle apprendre aux rois que tel est le malheur » de leur condition, qu'ils ont à redouter jusqu'à » leurs vertus mêmes (1) ?

De toutes les raisons qu'on peut apporter pour expliquer, autant qu'il est permis à la foiblesse humaine, ce secret de la sagesse divine, celles que vous alléguez, Mgr., ne paroîtront peut-être pas à tous les esprits les plus satisfaisantes ni les mieux appropriées à votre sujet. En effet, lorsqu'un bon prince tombe sous le fer d'un scélérat, peut-on dire que le ciel punit alors les peuples par la vertu de ce Roi ? N'est-ce pas au contraire par le crime qui les prive de sa vertu ?

La seconde raison, si je l'ai bien comprise, Mgr., ne seroit propre qu'à jeter la terreur et le découragement dans l'âme des princes. Elle ten-

---

(1) Pag. 12.

droit même à les détourner de la modération et de la justice. Le contraste de la destinée des bons et des mauvais rois, que vous leur présentez, peut leur persuader que la violence et la tyrannie sont les plus sûrs moyens de maintenir leur puissance et de mettre leurs jours en sûreté. Ce n'est sûrement point là l'instruction que le ciel prétend qu'ils retirent de ses incompréhensibles desseins. Qu'il est regrettable, Mgr., que vous n'ayez pas voulu, à l'exemple de Bossuet, les envisager sous un autre point de vue! votre génie vous auroit aisément fourni des considérations plus profondes et plus lumineuses pour confondre ceux qui se plaisent à répéter que le monde est régi par une fatalité aveugle, et que les particuliers, comme les rois, n'ont que des opprobres et des malheurs à recueillir de la vertu.

Je passe, Mgr., à la seconde partie de votre discours; elle donne lieu à des observations beaucoup plus graves. Dès le commencement vous y rappelez la Passion du Sauveur. Vous y revenez sans cesse dans la suite, non-seulement par des allusions; mais encore vous établissez entre l'homme-Dieu et l'infortuné Monarque une sorte de parallèle qui, s'il est permis de le dire, vous a jeté dans des exagérations que l'on a peine à comprendre et dont vous serez étonné vous-même en vous relisant de sang-froid. Accablé de douleur et transporté d'admiration pour le Saint Roi, vous vous êtes abandonné à ces deux sentimens, sans vous occuper de développer vos idées et de mettre à vos expressions les correctifs nécessaires ; d'où il résulte qu'il est quelquefois difficile de les concilier avec la doctrine de l'Eglise. En preuve, Mgr., je me hâte de vous citer cette phrase, de la page 55 : « NOUVEAU RÉDEMPTEUR, Louis a » donné sa propre vie pour le salut de sa na» tion. » Vous savez, comme moi, et bien certainement vous croyez, Mgr., que l'unique Rédempteur est Jésus-Christ. Il n'y en avoit point avant lui, il n'y en aura point d'autre après. Le titre de Rédempteur, qu'il a acquis au prix de son sang, ne peut, sous aucun rapport, ni de quelque manière que ce soit, convenir à un homme. Il est essentiellement incommunicable ; et l'on ne pourroit point, sans impiété, et sans tomber dans une hérésie formelle, le donner à l'une des deux autres personnes de la Trinité. C'est bien là votre doctrine, Mgr. Qui pourroit en douter ? Néanmoins, prenez la peine de relire votre phrase, pesez-en tous les termes, et vous concevrez l'extrême surprise qu'elle a dû causer à vos lecteurs les moins instruits. Ce qui suit immédiatement, bien loin de l'adoucir et de la modifier, ajoute encore, s'il est possible, à ce qu'elle a d'outré et d'extraordinaire. Vous attribuez nuement à

Louis XVI un autre caractère exclusif du Messie. Suivant vous, « Louis est digne qu'on dise de » lui, ainsi que du Sauveur du Monde, qu'il » s'est offert parce qu'il l'a voulu : *Oblatus est » quia ipse voluit.* » (1)

Je craindrois de trop affliger votre piété, Mgr., en insistant sur ce que la saine théologie peut, à bon droit, reprendre dans cette assertion. Souffrez seulement que je l'examine sous le rapport historique. Est-il bien constant, est-il même vraisemblable qu'il ait été libre au Roi de ne pas périr, et qu'il se soit livré de son plein gré à la rage de ses ennemis? Ah! s'il eût pu leur échapper, la religion, l'intérêt de l'Etat, le soin de sa propre conservation, l'amour de sa famille, tout lui en faisoit un devoir rigoureux. Si, par un renversement d'idées inexplicable, il se fût obstiné à vouloir être *victime des scélérats*, il se seroit rendu leur complice. Bien loin de donner des éloges à cette résolution, et de la nommer dévouement magnanime et abnégation *surhumaine*, nous en serions réduits à gémir sur un aveuglement si déplorable et à maudire sa mémoire. Vous remarquez vous-même, Mgr., qu'il essaya une fois de « s'arracher par la fuite à l'horreur de » sa situation, et qu'il vouloit, en se dérobant à

(1) Pag. 55.

» la fureur des rebelles, les empêcher de devenir » encore plus coupables. Digne, peut-être, *ajoutez-* » *vous*, d'une plus vive admiration quand il veut » épargner, par sa fuite, à ses sujets le déshon- » neur d'un grand crime, que quand il poussera » l'héroïsme et la grandeur d'âme jusqu'à leur » pardonner le crime même. » (1)

Tel étoit donc, en 1791, le sentiment du Roi. Qui a pu, dans la suite, le faire changer? Les mêmes motifs qui le faisoient fuir en 1791, n'ont-ils pas toujours subsisté, et ne devenoient-ils pas plus puissans à mesure que le danger augmentoit?

Il est bien vrai qu'il refusa plusieurs fois l'offre de serviteurs fidèles, déterminés à affronter tous les dangers pour le sauver; mais étoit-ce parce qu'il vouloit périr? Louis XVI se voyoit entouré d'espions et de traîtres jusque dans l'intérieur de son domestique; toutes les provinces étaient soulevées et en armes. Dans cet état de choses, il étoit convaincu qu'une tentative d'évasion, sans avoir plus de succès que la première, n'aboutiroit qu'à allumer plutôt la guerre civile et à accélérer l'horrible catastrophe qu'il avoit sans cesse présente à la pensée. En cela il put se tromper. Je me garderai pourtant bien de le dire, tant les conspirateurs étoient nombreux et puissans; tant

(1) Pag.

ls avoient pris de justes mesures pour que leur proie ne pût point leur échapper. Au reste, quand il seroit démontré que Louis XVI jugea mal de sa position, et qu'il lui étoit possible de briser ses fers, toujours est-il incontestable qu'il ne s'y refusa que parce qu'il regardoit l'entreprise comme inexécutable, et encore plus dangereuse pour lui et pour l'Etat que d'attendre que les événemens décidassent de son sort. A cette abnégation, qu'il n'eut jamais, vous ajoutez, Mgr., qu'*il jugeoit sa mort nécessaire au bonheur de son peuple* (1), et vous en faites une preuve de sa grandeur d'âme. Certes, Louis XVI avoit le sens trop droit, trop de connoissance de l'histoire, des idées trop saines de la justice divine, pour tomber dans une illusion si grossière. Il pensoit au contraire que sa mort, loin de procurer le moindre avantage à la France, attireroit nécessairement sur elle un déluge de calamités; que si la terre y étoit insensible, le Ciel en tireroit une vengeance plus éclatante. Trompé vraisemblablement par l'exemple de Charles Ier, dont il méditoit continuellement l'histoire depuis sa captivité, Louis XVI crut devoir tenir une marche tout opposée. Une fois qu'il eut acquis la triste certitude que ses ménagemens et sa condescendance n'avoient fait qu'irriter davan-

---

(1) Pag. 54.

tage la fureur de ses ennemis ; quand il les vit maîtres absolus de l'armée, des finances de l'Etat et de l'opinion publique, il jugea que toute résistance étoit désormais inutile. Il se soumit chrétiennement à sa cruelle destinée, et défendit en conséquence qu'on versât une seule goutte de sang pour sa querelle. Les réflexions que vous faites à ce sujet, Mgr. (1), peuvent être justes ; mais devoit-on les attendre de votre part, dans le panégyrique du Roi ?

S'il falloit des preuves que Louis XVI regardoit sa mort comme le comble des malheurs pour son peuple, nous les trouverions dans la démarche qu'il fit pour l'en préserver : démarche qui dut plus coûter à un Roi que le sacrifice de sa vie. Cet excellent prince aima mieux paraître oublier un moment ce qu'il étoit, que de fournir, par son silence, le moindre prétexte aux rebelles de consommer le crime qui devoit plonger la France dans l'abîme et lui imprimer une flétrissure éternelle. Quel autre motif pouvoit le déterminer, lui qui étoit si détaché de la vie et des grandeurs, à en appeler encore à son peuple de la sentence inique de ses bourreaux ? Il subit donc la loi d'une impérieuse nécessité, mais en grand homme et en héros chrétien. Sa

(1) Pag. 50.

résignation fut magnanime, comme son courage invincible. *Spiritu magno vidit ultima.*

Ces réflexions nous ont éloigné du parallèle dont je vais reprendre la suite : « Semblable à » l'agneau de Dieu, Louis s'avance, à travers les » glaives homicides, au lieu de son immola» tion, et monte enfin sur son calvaire. » (1)

Puis vient ensuite cette apostrophe : « Ange des » cieux, accourez tous. . . *non pour le soutenir* » *dans son agonie et dans sa défaillance, il n'en* » *a point besoin, puisque Dieu le soutient*; non » pour *détourner de lui le calice amer, il veut* » *le boire jusqu'à la lie ;* mais pour admirer un » héros dont le courage et la résignation égalent » l'infortune, et qui, *sans plainte* comme sans » impatience, *sans foiblesse* comme sans osten» tation, se montre également au-dessus, tantôt » de la compassion et tantôt de l'admiration » qu'il inspire. » (2)

Quel étrange contraste, Mgr. ! quel déplorable rapprochement entre le Jardin des Olives et la tour du Temple ! Je m'abstiens de relever

---

(1) Pag. 63.

(2) Mgr. de Troyes dit, en parlant de la Reine, « Plus forte » que la *femme forte.* » Ce qui signifie que la Reine étoit plus parfaite que le modèle même de la perfection tracé par l'Esprit Saint. Dans son mandement sur le testament de cette princesse, Mgr. de Troyes invitoit les fidèles à lui offrir le tribut de *leurs supplications* et de leurs larmes (pag. 65).

les différentes circonstances que vous mettez ici en opposition. L'induction qu'on seroit en droit d'en tirer fait frémir. On n'ose y arrêter sa pensée.

On est encore forcé d'abandonner le sens que présentent vos paroles et de recourir à vos intentions, lorsque vous annoncez que « la mort de » Louis fera le bonheur de la France comme » la mort du Sauveur a procuré le salut du » genre humain. » (1) Sans doute, Mgr, vous ne voulez rien dire autre chose, sinon que Louis XVI unissant ses souffrances et sa mort aux souffrances et à la mort de Jésus-Christ, obtiendra de Dieu la conversion de ses sujets. Vous entendez seulement que son sang, ainsi que celui des premiers martyrs, fera germer parmi nous la piété, les bonnes mœurs et la justice. Il est très-vrai en ce sens, que dans l'ordre de la foi, la mort de Louis XVI pourra faire le bonheur de la France; mais ce ne sera point *comme la mort du sauveur a procuré le salut du genre humain.* Celle-ci est efficace par elle-même, tandis que les tourmens, les combats, le martyre des saints, tirent toute leur efficacité des mérites infinis et de la passion du Sauveur. Il étoit d'autant plus indispensable

---

(1) Pag. 78.

de donner ici quelques explications, qu'à prendre les choses à la lettre vous avez l'air d'assimiler en tout Louis XVI à Jésus-Christ. Vous l'avez proclamé nouveau rédempteur, vous avez dit qu'il s'est offert comme l'agneau de Dieu en holocauste pour le salut de sa nation, *parce qu'il l'a voulu*; que sa mort fera le bonheur de la France comme la mort de Jésus-Christ a procuré le salut du genre humain : et même vous répétez par deux fois que les meurtriers du roi étoient *encore plus fanatiques, encore plus coupables* que *l'infidelle Jérusalem* (1). Je sais que vous dites ailleurs *qu'après le déicide*, la mort de Louis XVI est le plus noir forfait qu'ait éclairé le soleil (2). Hélas! ceux qui l'ont commis, pour être moins coupables que les juifs, ne le sont-ils donc pas assez? Est-il besoin d'employer l'hyperbole pour exciter contre eux toute l'horreur qu'ils méritent?

Presque tous les écrivains, même les simples littérateurs qui ont entrepris l'éloge du roi, ont, comme vous, Monseigneur, puisé dans l'histoire de la passion de Jésus-Christ. Quand on ne donneroit contre aucun écueil en traitant une matière si délicate, c'est encore,

(1) Pag. 38 et 52.
(2) Pag. 72.

à mon avis, un grand inconvénient que de faire ainsi d'un mystère de la foi un objet de comparaison avec un événement purement profane. Par là on familiarise les esprits, trop enclins au socinianisme, avec ce qu'il y a de plus incompréhensible et de plus sacré dans la religion. La raison s'accoutume à n'en juger que d'après ses lumières. L'idée de la divinité de Jésus-Christ s'affoiblit et s'efface de plus en plus; et à force de lui voir comparer un simple mortel, on finit peut-être par ne regarder le Sauveur que comme un homme plus parfait, et à ne voir rien que de naturel et d'humain dans ses souffrances et dans sa mort. Indépendamment de ces considérations religieuses, un goût sévère auroit peut-être commandé d'écarter avec soin un souvenir qui devoit infailliblement partager l'intérêt et refroidir les sentimens de pitié et d'horreur que le panégyriste du roi doit chercher à exciter puissamment dans l'âme de ses auditeurs. Reste-t-il des larmes à donner au sort d'un homme, quelque juste et quelque malheureux qu'il soit, quand on a l'âme préoccupée de l'image accablante d'un Dieu expirant sur une croix? Au moins ne doit-on la rappeler qu'avec une adresse et des ménagemens extrêmes. C'est ce que vous avez fait plusieurs fois, Mgr, avec beaucoup de succès. Votre discours est semé d'allusions infiniment heureuses qui font regretter davantage que vous ne vous y soyez pas borné.

Si les observations que j'ai l'honneur de vous soumettre étoient purement littéraires, vous laisseriez à votre réputation si solidement établie le soin d'y répondre; le style est d'ailleurs le moindre mérite dans l'écrit d'un évêque. Il n'en est pas ainsi de ce qui touche, même de loin, à la précision du dogme et à la pureté de la doctrine. La critique la plus outrée, le moindre soupçon, alarment la foi.

A Dieu ne plaise, Mgr, que je prétende répandre le moindre nuage sur la vôtre. Je respecte votre dignité et vos lumières. Mais seroit-ce manquer aux égards qui vous sont dus à ce double titre, que de supplier l'évêque de vouloir bien juger l'orateur? J'ai pensé qu'il étoit de mon devoir de vous rendre compte de l'impression fâcheuse qu'ont faite sur moi plusieurs passages de votre discours. Je persiste à craindre, s'ils ne sont pas retouchés, qu'ils ne scandalisent les ignorans et les faibles; que ceux qui ne le sont point, mais qui font une guerre a outrance à la religion et à ses ministres, n'en abusent avec malignité contre elle et contre vous; en un mot, que nos ennemis du dehors et du dedans n'en prennent occasion d'accuser l'église de France d'une adulation basse et sacrilége, et qu'ils ne lui imputent de faire l'apothéose de ses rois aux dépens du divin auteur du christianisme.

Cette oraison funèbre de Louis XVI, vous l'avez prononcée par ordre de S. M. en présence des Princes du sang, d'un grand nombre de prélats et de toute la cour. Vous avez été, dans cette mémorable circonstance, l'organe de la France entière. Par une singularité, que je ne chercherai point à expliquer, ce premier hommage solennel de la douleur publique semble devoir être aussi le dernier que l'éloquence chrétienne pourra offrir à la mémoire du roi martyr. Toutes ces considérations réunies font donc encore plus vivement désirer que cet hommage soit pur comme votre foi, et digne en tout et de celui que vous célébrez et de ceux dont vous êtes l'interprète. Vous auriez manqué ce but, Mgr, vous auriez trompé l'attente publique et votre propre renommée, si on ne pouvoit pas dire de l'éloge que vous avez consacré aux vertus de Louis XVI, ce que St.-Jérôme a dit des ouvrages de St.-

Hilaire de Poitiers: *Quos scripsit libros, quisque potest inoffenso pede decurrere.*

Je suis avec le plus profond respect,

Monseigneur,

Votre très-humble et très-obéissant serviteur,

N. N.

Docteur en Théologie.

Paris, ce 20 mars 1817.

Imprimerie de P. Gueffier, rue Guénégaud, n°. 31.